新时代家庭教育 孩子阅读

生活习惯

毕诚◎主编

人民东方出版传媒
東方出版社

图书在版编目（CIP）数据

新时代家庭教育. 孩子阅读. 生活习惯 / 毕诚 主编. — 北京：东方出版社，2022. 1
ISBN 978-7-5207-2615-3

Ⅰ. ①新… Ⅱ. ①毕… Ⅲ. ①习惯性 – 能力培养 – 家庭教育 Ⅳ. ①G78 ②B842.6

中国版本图书馆CIP数据核字（2021）第259849号

新时代家庭教育

孩子阅读 生活习惯

(XINSHIDAI JIATING JIAOYU)

毕 诚 主编

责任编辑：杜丽星
装帧设计：张俊杰
插图绘制：谢东海
责任审校：金学勇
出 版：东方出版社
发 行：人民东方出版传媒有限公司
地 址：北京市西城区北三环中路6号
邮 编：100120
印 刷：鸿博昊天科技有限公司
版 次：2022年1月第1版
印 次：2022年1月北京第1次印刷
开 本：710 毫米 X 1000 毫米 1/16
印 张：5
字 数：44千字
书 号：ISBN 978-7-5207-2615-3
定 价：20.00元
发行电话：（010）85924663 85924644 85924641

指导委员会

委　　员　高晓东　孟　春　郑　疆　郑昇哲

编写委员会

主　　编　毕　诚

副 主 编　张俊杰

编　　委　田汉族　姚宏杰　高玉英　高慧斌

　　　　　闫　婷　欧璐莎　张　燕　张亚博

本册编者　袁　倩　杜兆坦　马新平

教育部基础教育杂志社·家庭教育教研中心
北京外国语大学同文家庭教育课程研究中心
中国国情发展研究院

前言

PREFACE

“家庭是社会的细胞。家庭和睦则社会安定，家庭幸福则社会祥和，家庭文明则社会文明。”党的十八大以来，习近平总书记以深厚的家国情怀，多次深刻阐释了注重家庭、注重家教、注重家风的重大意义。

“少年智则国智，少年富则国富，少年强则国强，少年进步则国进步”，青少年不仅是家庭的未来和希望，更是国家的未来和希望，是实现中华民族伟大复兴中国梦的后备军。家庭是我们人生的第一所学校，我们要在这所“学校”里完善人格修养、培养良好习惯。

家庭和国家都对青少年寄予了殷切希望，青少年有理想、有担当，国家就有前途，民族就有希望，因此广大青少年要树立起正确的世界观、人生观、价值观，扣好人生第一粒扣子。

为帮助广大青少年扣好人生第一粒扣子，稳步迈上人生的第一个台阶，我们组织编写了这套“新时代家庭教育 孩子阅读”图书。图书摘选上起先秦、下至清代有关家庭教育和自身修养的箴言警句，为了方便青少年读者阅读，还附有注释和译文。同时，围绕不同主题，编者还精心挑选了相关故事，并在拓展部分结合新时代的家庭教育要求进行阐发。

我们真诚希望以这套书为桥梁，将中华优秀传统文化中有关家庭文明建设和个人修养方面的内容介绍给青少年读者，使青少年朋友通过阅读本套图书得到启迪和提升，将对优秀家庭教育文化的继承与弘扬落实于日常生活中，融化于亲情关系中，化无形于家风、家教的影响中，将来为实现中华民族伟大复兴的中国梦贡献自己的力量。

编者

2021 年 12 月

目录

Contents

第一章

作息习惯

01. 早睡早起好习惯

【古文摘选】

黎明即起，洒扫庭除①，要内外整洁；既昏②便息，关锁门户③，必亲自检点④。

——（明末清初）朱用纯：《朱子治家格言》

注释：①庭除：庭院；堂阶前的院子。除，台阶。②昏：天刚黑的时候，黄昏。③门户：正门、房屋的出入口。古代独扇的门称为“户”，两扇的门才是“门”。④检点：查点，检查。

译文：每天早晨，天刚亮就要起床，先用水来洒湿庭院内外的地面，然后扫地，使庭院内外整洁；到了黄昏便要休息，并亲自查看一下要关锁的门户。

【经典故事】

早睡早起的老舍

1930 年夏天的一个清晨，天刚蒙蒙亮，济南城内南新街

的一个四合院内，就有人起床了。他戴着眼镜，穿着中式长袍，洗漱完毕就拿着一摞稿纸，轻手轻脚地来到走廊，坐在藤椅上，开始写作。

济南的夏季很热，好在早晚凉爽。此时家人都还在睡梦中，没有人来打扰他，只有枝头小鸟叫和院内荷花香阵阵传来。他感觉状态好极了，稿纸一页页被写满。

当阳光洒满了半个院子，家人也都起来了，洗漱、做早饭、收拾物件的嘈杂声不时传来，他也就停下笔来，完成了给自己规定的一天的写作任务。就这样，他每天早起写作，一个月后就把一部小说写完了。

这个人就是现代著名作家老舍。他从小就养成了早睡早起的好习惯，尤其喜欢早起工作。有人说夜里万籁俱寂，没有人打搅，最宜工作，但他认为，晚上早睡两个小时，第二天早上早起两个小时，还是一样的。老舍就是凭着这样早睡早起的习惯和持之以恒的精神，在40多年的写作生涯中创作出了许多优秀的作品。

【时代启迪】

俗话说：“早起的鸟儿有虫吃。”早上是人一天中精力最充沛、注意力最集中的时间，我们一定要好好利用。同时，青少年正处在生长发育的关键时期，保证充足的睡眠非常重要。我们有时候会因为某个知识点没有掌握而一直学习到深夜，实际上这种做法是不可取的，长时间的学习会使自己身心俱疲，学习效率也会大大降低，只有休息好，才能提高学习效率。有的人会因为打电子游戏、看电视剧等一直熬到深夜，这是非常不利于身心健康的。我们应该享受生活，但是保持身体健康才是第一位的。如果想要适当地放松，可以采用更健康的方式，例如周末的时候跟家人一起出去玩一玩，呼吸一下新鲜空气等。

02. 早起反思并计划

【古文摘选】

初觉①，睡初醒。即省②昨日所业③，与今日所当④为。

——（明末清初）张履祥：《澉湖塾约》

注释：①觉（jué）：睡醒。②省（xǐng）：检查自己的思想行为。③所业：所学习的内容。④当：应当，应该。

译文：睡觉刚醒来的时候，就检查一下自己昨日学了什么，今日应该做些什么。

【经典故事】

一张时间表

曾任八路军副参谋长、中共中央秘书长等职的革命烈士王若飞于1896年生于贵州安顺，7岁时被舅父黄齐生收养，

因在舅父创办的达德学校读书，故深受舅父及进步教员的影响。1915 年，他从《木兰辞》中读到“万里赴戎机，关山度若飞”的名句时，十分向往那种奋战疆场、马革裹尸的战斗生涯，就改名王度，字若飞。他在舅父黄齐生的带领下，参加了反对袁世凯复辟帝制的斗争，从此走上革命道路。

1919 年五四运动爆发后，王若飞回到上海。时值吴玉章等提倡赴法勤工俭学，他决定赴法学习。同年 11 月，王若飞到达法国后，先补习了三个月的法文，后到圣夏门钢铁厂当学徒。勤工俭学期间，他注重社会调查，对马克思主义有了进一步了解。

王若飞每天都要重复搬石、铲土、翻铁砂、做齿轮等重体力劳动，一天下来筋疲力尽。可是，他还要挤出时间来学习。下面是王若飞在法国勤工俭学时期的一张作息时间表：

上午	
5:00	起床
5:30—6:30	读书
6:30	去工厂(由宿舍到厂需走一刻钟路)
7:00—11:30	做工
11:30—12:30	午餐
12:30—1:00	阅读
下午:	
1:00	去工厂
1:30—5:00	做工
5:30—6:00	晚餐
6:30—9:00	读书

工友们问他怎么能在这么短的时间内学习那么多的知识，他笑着对工友们说：“早晨一个小时，中午半个小时，晚上又是两个半小时，加在一起就是四个小时。每天四个小时，一年就有一千多个小时来学习。”

【时代启迪】

提高效能需要养成的两个好习惯就是早起与反思。

当今社会工作、生活节奏越来越快，竞争也无处不在，人们不得不竭尽所能地迎接各方面的挑战。但越是如此，我们越要在一天中找到可以静下来思考的时间。早晨这段时间无疑是最为合适的，因为我们休息了一晚上，此时精力比较旺盛，同时不会被外界打扰。此时认真思考，对接下来一天的工作和生活进行规划，一定会有意想不到的收获。

早起的反思与规划不是简单地罗列日程，而是要根据自身情况深入立体地进行思考。对一件事来说，要把想法转化为行动，就要多问自己要不要做，想要的结果是什么，下一步是什么。对一天来说，最好是用写日程清单的方式，写到就要做到。对于人生来说，要经常进行阶段性的反思，多问自己：“我为人的宗旨、世界观是什么？我要做些什么？我的角色和职责是什么？我长期的目标是什么？”如此等等。这样你就会发现，自己可以做如此多的事情，人生原来如此精彩。

03. 睡前总结并反省

【古文摘选】

日暮①，检点一日所课②，有缺则补，有疑则记，有过③则自讼④不寐⑤，焚膏继晷⑥。夫岂徒然⑦，对此良宜⑧深省⑨也。

——（明末清初）张履祥：《澉湖塾约》

注释：①日暮：太阳快落山的时候，傍晚。②课：动词，按规定的内容和分量学习或讲授。③过：过错，过失。④自讼：自责。⑤寐（mèi）：睡。⑥焚膏（gāo）继晷（guǐ）：夜里点了油灯，继续白天的事。形容夜以继日地勤奋学习、工作等。焚，烧。膏，油脂，指灯烛。晷，日影，指白天。⑦夫（fú）岂徒然：这样做难道是无缘无故的吗？夫，指示代词，这。岂，难道。徒然，偶然，没有原因。⑧良宜：确实应该。⑨深省（xǐng）：深刻反省。

译文：到了傍晚，仔细查点自己一天学习的东西。有缺漏就补救，有疑问就记下，有了过失就不断批评责问自己直到深夜。这样做难道是无缘无故的吗？对于自己的过失，确实应该深刻反省啊。

【经典故事】

曾参三省自身

春秋时期的鲁国，孔子门下有很多弟子跟随他学习，其中有位弟子沉默寡言，憨厚老实。他生性木讷，学艺比其他弟子慢些，而且发现自己不管怎么努力，修身学艺的效果总是不尽如人意。

一个暖暖的春天来了，放学后，大家有的去下棋，有的去游玩。唯独他自己留下来，摸着脑门想："我要怎样才能进步呢？"突然灵光一闪，他有主意了。他开始留心观察那些表现优秀的弟子，看他们怎么学习，自己也照着去做，并总结经验。另外，他还给自己布置了一个任务，就是每天晚上睡觉前对白天做的事进行反思：我今天做的事有没有不对的地方？该学的东西都掌握了吗？老师传授的知识和道理温习了吗？

就这样，日子一天天过去了，他的学习效率大为提高，各方面能力都得到了很大的提升。其他弟子很吃惊，纷纷跑来问他："你进步怎么这么快？"他就把自己每天反思的诀窍告诉大家，大家纷纷向他竖起大拇指。

他就是春秋时期大教育家孔子的学生曾参，后世尊他为曾子。

【时代启迪】

反省就是对做过的事情进行回顾、总结、分析，检查自己的缺点和不足，并提出改进措施。在日常生活和学习中，每个人都不可能把事情做得十全十美，总会或多或少地犯一些错误，这就要学会反省。对于反省，古时曾子就说过：“吾日三省吾身：为人谋而不忠乎？与朋友交而不信乎？传不习乎？”一位智者也曾说过：“如果每个人都能把反省提前几十年，便有 50% 的人可能让自己成为一名了不起的人。”

作为一名学生应该如何进行自我反省呢？我们在平时的生活中要定时检查自己的缺点和错误。每隔一段时间的反省能让我们找出自己所犯的错误和原因，并及时加以改正。如果不经常反省，缺点和错误就会越积越多，到那时再想改就很困难了。所以，我们一定要养成及时反省的好习惯。

第二章

读书习惯

01. 不读无益之书

【古文摘选】

非圣贤①之书勿读。无益之文②勿观。

——（宋）程端蒙、董铢：《朱子论定程董学则》

注释：①圣贤：圣人和贤人，泛指品德高尚、有超凡才智的人。②无益之文：古代特指那些对道德学问、事业功业等没有帮助的书。

译文：不是圣贤书不要读，没有益处的文章不要看。

【经典故事】

鲁迅受教

儿时的鲁迅从一本书上读到一则趣闻：汉代东方朔博学多闻，认识一种虫子，是忧愁化成的，用酒一浇，便会消失不见。鲁迅对此感到十分好奇。这一年，他被父亲送进了绍

兴城里最有名的私塾——三味书屋，跟随寿镜吾先生学习。

寿先生又高又瘦，戴着大眼镜，须发花白，学问非常渊博。一天，鲁迅悄悄问寿先生：“先生，这‘怪哉’虫是怎么一回事呢？”先生很不高兴地回答：“不知道！”

寿先生不喜欢学生问这种无益学业而又牵扯精力的古怪问题，希望学生能把更多的精力放在主要的课业上，这样的问题不妨等学业有成了再来问，于是就教育他：“不是圣贤书不要去读，没有益处的文章也不要看。”

后来，鲁迅体会到该把学习的基础打牢的道理，就更加刻苦学习了。

【时代启迪】

前人教导我们：“勿吐无益身心之语，勿为无益身心之事，勿近无益身心之人，勿入无益身心之境，勿展无益身心之书。”意思是，不说对自己身心有害的话，不做对自己身心有害的事，不交往对自己身心有害的人，不走进对自己身心有害的场所，不阅读对自己身心有害的书籍。古人主张在学问上有了深厚根基，各方面的品德、观念基础打牢之后，才以闲暇余力去学习一些技能，如弹琴、射箭、围棋等，去阅读一些消遣性或与学问之道无关的书籍。

我们青少年正处于习惯养成的重要阶段，具有极强的可塑性。我们从现在起就要养成良好的生活习惯、树立正确的价值观。多读书可以开阔我们的视野，陶冶我们的情操，增长我们的才干。我们培养自己爱读书的习惯，还要注意区分哪些是有益于身心发展的书籍，哪些是对自己无益的书籍。让我们多读一些对自己成长有益的书籍，在知识的海洋里尽情遨游吧！

02. 爱惜图书不污损

【古文摘选】

凡书册，须要爱护，不可损污皱折①。济阳江禄②，书读未完，虽有急速③，必待掩束④整齐，然后起⑤。此最为可法⑥。

——（宋）朱熹：《童蒙须知·读书写文字第四》

注释：①损污皱折：破损、弄脏、起皱、折页。②济阳江禄（lù）：济阳地方一个叫江禄的人。③急速：指仓促间发生的事。④掩束：收好。当时的书册多为卷轴装，看完时需要将书卷随轴卷起，再用卷首丝带捆缚好。掩，关闭，合上。束，捆绑，系。⑤起：离开原来的位置。⑥可法：可以效法。

译文：凡是书册，都必须爱惜保护，不可以让书册有破损、肮脏、起皱、折页的地方。济阳人江禄书未读完时，即使有紧急的事情，也定要把书册合上并收拾整齐后再起身，这是很值得效法的。

【经典故事】

司马光惜书

九九重阳节是个吉祥的日子，天空晴朗明净，气候凉爽宜人，人们约好一起登高祈福或秋游赏菊。有个人却例外，他径自来到自家独乐园的读书堂，把桌案设置在太阳底下，把书侧过来放在上面曝晒书脊。经过曝晒，这些书籍就不容易生蛀虫或霉斑了。看书的时候，他也有个习惯，就是必然先把桌案擦干净，把书放在软布等物上，然后端正地坐着看。

如果他想边踱步边看书，该怎么办呢？那就手端着一块方板托着书，因为他从来不会直接用手捧着书看。他不只是担心自己的宝贝书沾上汗水，也是担心书脊会松动。每次看完一面，他就侧着右手大拇指的指甲，托着书沿，把这页抬起，和食指的指甲捻（niǎn）起来，把这页夹过去。这样才不会把这一页捻（niǎn）坏。

这个人就是北宋政治家、史学家和文学家司马光。他在独乐园的读书堂中收藏有文史资料一万多卷。一些司马光早晚常常阅读的书已经有几十年历史了，却都新得像手没碰过一样。他教育儿子要爱护书籍时曾说：“就像做生意的人爱收藏钱财货物那样，做学问的人既然收藏了这些书，就应当懂得爱惜。”

【时代启迪】

读书不仅仅是一种学习的需要，更能愉悦、陶冶我们的性情，开阔我们的眼界，提升我们的思想境界。开卷读书，就如同走进一个异彩纷呈的世界。但当你从书架上取出一本书，却发现原本崭新、整齐的图书却已脏污破损，不知你此时会不会感到心痛呢？当你满怀欣喜地拿到了自己盼望已久的图书，却发现里面画满圈圈点点，书角几乎折破，你又会有怎样的感受呢？

书籍是人类的良师益友，是人类进步的阶梯。摧残书籍，就是在摧残人类的文化，摧残人类的文明。因此，我们在读书的过程中一定要做到爱护书籍，做到不在书上涂改、圈点，不剪裁、不撕页；养成使用书签的习惯，不折书、折页；等等。

你喜欢书吗？那就请善待它吧，别让它受到伤害。爱护图书从我做起，让我们做一名文明读者。

03. 专心读书不分神

【古文摘选】

专心看字，断句慢读，须要字字分明①。毋得②目视东西③，手弄他物④。

——（宋）真德秀：《教子斋规》

注释：①分明：清楚，明显。②毋（wú）得：不许，不要。③东西：东边和西边。指四处。④手弄他物：手里玩着别的东西。他，别的，其他的。

译文：（学习时）要专心看字，断开句子慢慢阅读，一定要字字分明。不要东瞧西望，手里玩着别的东西。

【经典故事】

高士其专心听课

夏天来了，太阳笑得格外开心，大地的树木也满怀欣喜，争先恐后地长出郁郁葱葱的枝条，为人们遮阳。草地像一块

碧绿的地毯，绿得像翡翠，像碧玉。旁边的池塘里，青蛙时不时偷偷跃出水面，睁大好奇的眼睛扫视有没有美食。不远处，矗立着一所学堂。老师绘声绘色地讲课，满屋子的学生坐得笔直，把耳朵支起来听课，生怕错过任何知识。

一个男孩身在学堂，心却在向往窗外的大千世界。他用纸折了两只青蛙，碰了碰同桌，示意他一起玩斗青蛙。同桌好像没听到，依然端端正正地坐着听课。他又去拉同桌的衣服，同桌斜眼瞄一瞄他，他赶紧指了指膝盖上的两只纸青蛙。但同桌的目光很快又回到老师那儿，继续专心听讲，根本不搭理他。

男孩受到冷遇，憋了一肚子火。下课后，他很生气地冲着同桌嚷道："你到底认不认识我？"

同桌觉得很奇怪，说："咱俩是好朋友呀，怎么会不认识你呢？"

他气呼呼地说："那你刚才上课的时候，为啥不理睬我呢？"

同桌听到这里，笑了起来，很认真地拍着他的肩膀说："下课的时候，咱俩一起玩，是好朋友。可是上课的时候，我就不认识你了。"

听到这里，男孩也不好意思地笑了。

这位同桌就是高士其，他从小用功读书，学习态度端正，后来成为现代著名科普作家。

【时代启迪】

科学家经长期观察后发现，能否专注于一件事，是造成学习效率差异的重要原因，学习效率高的学生大多能专注于学习内容。因此要想把书读透、记牢，必须高度集中注意力。南宋大儒朱熹就曾提出，读书要有“三到”：心到、眼到、口到。心如不到，眼就会看不仔细。心、眼都不专一，却在那里高一声低一声地随意诵读，绝对不会记住，就算记住了也不会记得长久。“三到”之中，心到最重要，心既然到了，眼、口岂有不到之理？

那么，如何才能学得进，记得牢呢？我们不妨试一下以下方法：

一、大声读书有利于训练注意力。我们可以每天安排10—20分钟读中文或英文文章，不读错、不读丢、不读断，从而训练自己口、眼、脑的协调能力。

二、营造有利于集中注意力的家庭学习环境。我们在书桌上只放书本等相应的学习用品。图案精美、功能多样的铅笔盒、文具会分散注意力，所以我们尽量使用造型简单、功能单一的文具。此外，我们也要提醒家长在我们学习时不能有电视机、电话等声音干扰，不要进进出出，时不时端盘水果或是大声说话等。

我们在规定时间内分阶段完成学习任务后，可休息5—10分钟，然后以同样的方式完成下面的学习。当我们能够做得很好时，可逐步延长一次性集中学习的时间。

04. 借书及时归还

【古文摘选】

凡借人文字，皆置簿①抄录主②名，及时取还。

——（宋）朱熹：《童蒙须知·洒扫涓洁第三》

注释：①簿（bù）：本子，册籍。②主：主人，指书卷等的所有者。

译文：凡是借的别人的书卷、资料，都要用本子抄录下主人的名字，并及时归还。

【经典故事】

一套书69年的"回家路"

1944年夏，一套重20斤、共五册的英文版音乐工具书《格罗夫音乐与音乐家大辞典》从广州的中山大学图书馆被借出。当时正处于抗日战争时期，这套书被借出后不久学校就奉令

NSYSU
國立中山大學

疏散，而当借书人到图书馆还书时，管理员说馆藏图书都已装了箱，不肯收。于是，借书人背着书四处逃难。1945年夏，抗战结束，他又在年底提着这五册书走路返回广州，送回中山大学图书馆。可惜的是，图书馆职员为避免麻烦，不肯接收，他们宁愿当作疏散时图书丢失了。

后来，他定居台湾，最念念不忘的还是还书。到了1998年，他将辞典转交给台湾高雄的中山大学图书馆，说："总都是'中山大学'，勉强算是书归原主。"2010年，借书人逝世，而书籍始终没有真正"回家"。

中山大学图书馆知道这件事后，进行了几次交涉协商。2013年11月，这五册书终于得以归还。

这位一心要还书的人究竟是谁呢？有人说借阅音乐工具书的应该是位音乐家吧？没错，他就是著名音乐家黄友棣（dì）。他是中山大学的毕业生，1940年应聘为中山大学师范学院教师。1944年从图书馆借出了这套《格罗夫音乐与音乐家大辞典》。

【时代启迪】

《弟子规》有言："借人物，及时还。后有急，借不难。"这句话的意思是，借用他人的物品用完了要立刻归还，以后遇到急用再向人借时，就不会有太多的困难。借书还书也是如此。"有借有还，再借不难"是很常见的现象，但背后却涉及一个人诚信与否的原则性问题，不可忽视。简单说，不管你是有意还是无意不还书，消耗的都是你的诚信度。

从传统意义上讲，诚信是一个人的可靠程度与可信程度，是人品的核心部分。要知道，我们每个人都生活在某个群体中，相互诚信构成了人际交往的基础。其中的道理很简单，待人诚实，疏远的人也会亲近你；待人虚伪，亲友也会疏远你。讲究诚信可以让人际关系融洽，同时有利于互相沟通，减少纠纷。没有诚信，人与人之间的沟通就困难了，同时纠纷也会不断发生。另外，诚信是需要培养的，人不仅要有道德的自律，更要有制度的约束，同时还要有环境的制约。可见，诚信实际上是一份建立在相互尊重、相互真诚、相互信任基础上的契约。对方既然愿意把书乃至钱财等借给你，就代表了一种信任，我们不要辜负了这份沉甸甸的信任。

05. 读书环境需整洁

【古文摘选】

凡①读书，须整顿②几案③，令④洁净端正。

——（宋）朱熹：《童蒙须知·读书写文字第四》

注释：①凡：凡是。②整顿：整理收拾。③几案（jī àn）：泛指桌子。几，古代人们坐时依凭的家具。案，人们进食、读书写字时使用的家具。④令：使，让。

译文：凡是要读书时，必须先整理几案，将其擦拭干净，摆放端正。

【经典故事】

朱熹（xī）净案读书

南宋时期，福建地区有位大名鼎鼎、教书育人的朱先生。早晨天微微亮，夜幕的轻纱还没有褪去，朱先生就起床了。

啧啧！
喔喔喔
欢迎您再回来

他穿好礼服，戴了幞头，穿着方头鞋，先到家庙的先圣神牌位前恭敬地跪拜。行礼之后，他退回到书房，把几案清理得一尘不染。这时四周仍非常安静，东边的地平线才泛起一丝丝亮光。

“喔喔喔”，雄鸡报晓了。一缕阳光照在朱先生的书桌上，桌面闪闪发光，好像在笑着说：“谢谢您把我擦得这么干净！”朱先生接着又把书籍摆放整齐，然后怀着愉悦的心情开始读书。咦，读书也要这么追求仪式感吗？朱先生捋了捋胡子，和蔼地说：“我感觉在这样的书桌上学习会特别认真。”

读完书，朱先生一定会再把书桌收拾干净，才离开书房，这是他的习惯举止。这时候，那一本本书仿佛是一个个小精灵，对他说：“欢迎您再回来！”

这位朱先生就是南宋时期的理学家、教育家朱熹。他从少年时代一直到老都能做到几案整洁，从来没有松懈过。

【时代启迪】

人人都喜欢干净整洁的环境，因为这样的环境往往让人心情愉悦。当你处在这样的读书环境中时，读书效率也会随之提高。所以在井井有条的环境中，我们手捧书册，对着整洁的书房、干净的墙壁、摆放整齐的文具，才能静下心来，专心读书。

整洁的环境是我们规律生活方式与良好自制力的体现，

也是良好学习习惯养成的重要基础。学习环境的整洁、安宁，既能减少我们因紧张的课堂学习后产生的疲劳感和不必要的精力消耗，还能帮助我们集中注意力专心读书写作业，提高学习效率。

不少人以为，只要自己有一颗求知上进的心和刻苦勤奋的学习态度就可以了，跟环境没有多少关系。但要知道，有的人自制能力较强，比较自律，自然比较容易进入状态，“走进”书中。然而有的人天性好动，或出于种种原因，无法轻易进入状态，那就对环境要求比较高了，比如在安静的环境中能读得进去，在嘈杂的环境中就坐立不安了。因此，读书与环境的关系还是极为密切的。但无论怎样，如果能有条件把读书环境布置得整洁有序，使自己能够在一种安静自然的环境中读书，岂不更好？

第三章

写字习惯

01. 认真书写

【古文摘选】

臻志①把笔②，字要齐整圆净，毋得轻易糊涂。

——（宋）真德秀：《教子斋规》

注释：①臻（zhēn）志：集中精神。臻，聚集。②把笔：握笔，执笔，借指书写、写作。

译文：写字时凝神聚气握笔，字要写得端正饱满干净，不得轻佻模糊。

【经典故事】

王羲（xī）之教子练字

东晋时期，有个孩子从小跟父亲学写字。一天，他缠着父亲教他习字秘诀，然而父亲只是让他勤加练习。

于是，他天天摹写父亲的字体，练习横、竖、点、撇、捺。两年后，他把字给父亲看，父亲笑而不语，母亲说：“有点像铁划了。”他又练了两年各种各样的钩，给父亲看，父亲还是不语，母亲说：“有点像银钩了。”他这才开始练完整的字。

四年后，他把字给父亲看，父亲在一个“大”字下加了一点。他把字拿给母亲看，母亲说：“这个点有你父亲的风范！”他彻底服气，从此痛下苦功练字。

一天，父亲见他练字，走到背后，想猛地去拔他手中的毛笔，却没拔动，这才满意地说：“你以后定会很有名气。”此后父亲悉心培养他。这个孩子后来成了名传千古的书法家，他就是王献之。而他的父亲正是号称“书圣”的王羲之。

【时代启迪】

写字是一项重要的语文基本功，是巩固识字的手段，对于提高学生文化素质起着重要的作用，必须从小打好写字基础。把字写得正确、端正，并有一定的速度，是每个学生必须具备的基本素质。

正确就是写得对。要求字形规范，按照笔顺规则写字，不增减笔画，字的形状和部件的位置不变。这是最基本的要求。

端正就是写得好。要在写得正确的基础上，把字写得笔画工整，结构匀称，间架适度，字迹清楚。

有一定速度指的是在正确、端正的基础上，写得比较熟练，能在规定的时间里认真完成作业。这是较高的要求。

总之，我们从现在起就要养成良好的写字习惯，在写字时要做到：书写态度认真；执笔、运笔方法和写字姿势正确；爱护并正确使用文具；注意书写卫生；等等。

一旦养成了良好的书写习惯，自己将受益终身。因此，我们一定要重视，尤其是写字姿势。每次上写字课，都要做到：头正、身直、臂开、足安、胸舒、肩平；眼离书本一尺远，胸离桌边一拳远，手离笔尖约一寸。另外，我们不论在什么情况下，都要认真写字，养成提笔就是练字的好习惯。

02. 专心少涂改

【古文摘选】

凡写字，未问工拙①，切要专心把笔，务求②字画严整。毋得轻易怠惰③，致有潦草④攲斜⑤，并⑥差落⑦涂注⑧之病。

——（明）屠羲时：《童子礼》

注释：①工拙：优劣。工，工巧。拙，朴拙，粗劣。②务求：必须要求。务，一定，务必。③怠惰（dài duò）：懈怠懒惰，松散怠慢犯懒。④潦（liáo）草：指字体不工整。⑤攲斜（qī xié）：歪斜不正。攲，倾斜，歪向一边。⑥并：同时。⑦差落：错漏。⑧涂注：涂改、加注。指写错了字后，修改并且在旁边加上注解文字的行为。

译文：凡是写字，先不问写得好坏，一定要专心书写，必须一笔一画都严谨工整，不得轻易懈怠懒惰，以致字迹潦草不端正，同时又落下差错、遗漏、涂改、加注的毛病。

【经典故事】

舒同苦练书法

书法家舒同聪颖好学，从五六岁时就开始跟着先生读书习字，临摹字帖，展现出极高的书法天分。他尤其喜爱笔力雄浑的颜体书法。

有一天，先生出门办事，正巧有人来请先生题一块匾，用于给一位老先生祝寿。乡亲们知道舒同书法不错，就撺掇十来岁的舒同执笔。舒同也不示弱，虽然个头还不及桌子高，但他爬到椅子上，认认真真蘸墨运笔，就像平日临帖那样心正意正，大笔一挥，“杖国延年”四个磅礴大字一气呵成。题字被送到老先生家后，老先生一看，大加赞赏。

先生办事回来，得知此事后，生怕舒同捅出娄子，赶紧跑去老先生家，只见四字牌匾已刻出，众人争相围观称赞，这才放心。

后来舒同加入红军，闲暇时间都用在了练字上。他常骑在马背上，手还不停在腿上比画练字，连裤子都磨破了，被人们誉为“马背书法家”。

【时代启迪】

很多学生在写作业时反复涂抹修改，这样既影响了卷面整洁，也容易养成不良学习习惯，降低学习效率。那么，应如何避免这样的情况呢？首先要克服随便下笔的习惯，想好了再下笔。无论是做数学题还是写汉字、英文，在动笔前应该想好这道题的解题思路或笔顺是什么，怎样做才是正确的，然后动笔。另外就是在不知道怎样做的时候，先在演算纸、草稿纸上写一写，快速推算一下，而不是直接在作业本或试卷上勾画，一定要等思路清晰了才开始正式下笔。

其次，从客观上来讲，养成反复涂抹修改的不良习惯，也不利于考场发挥。考场上的时间是很宝贵的，反复涂改不仅浪费时间，而且会影响卷面美观。

第四章

饮食习惯

01. 重视餐桌仪态

【古文摘选】

凡饮食，须要敛身①离案②，毋令太逼③。从容举箸④，以次⑤着⑥于盘中。毋致⑦急遽⑧，将肴蔬⑨拨乱。咀嚼⑩毋使有声，亦不得恣⑪所嗜好⑫，贪求多食。安放⑬碗箸，俱当⑭加意⑮照顾，毋使失误坠地。

——（明）屠羲时：《童子礼》

注释：①敛身：收敛身体。敛，收起，收束。②案：指吃饭的桌子。③逼：靠近。④从容举箸（zhù）：不慌不忙地举起筷子。箸，筷子。⑤以次：依照次序。⑥着（zhuó）：接触，挨上。⑦毋致：不要导致。⑧急遽（jù）：急速，匆忙。遽，匆忙，急。⑨肴蔬：各种荤素菜品。肴，鱼、肉等荤菜。蔬，素菜。⑩咀嚼（jǔ jué）：以牙磨碎食物，咬嚼，嚼食。⑪恣（zì）：放纵，没有拘束。⑫嗜好（shì hào）：喜欢，爱好。⑬安放：安排放置，使物件处于一定的位置。⑭俱当：都应当。⑮加意：特别留意。

译文：饮食时，应当收敛身体，与桌子分开一些，不要靠得太近。不慌不忙地举起筷子，按次序落在盘子上，不要着急，以免拨乱菜肴。

用牙齿咀嚼食物时尽量不要发出声音，也不要因为有特别喜欢的菜而放任贪吃。安排放置碗筷，都应特别注意，不要不小心掉到地上。

【经典故事】

当代的“杯盘无声”

有一个访问团来到北京某所高中参观，由于在路上耽误了些时间，到学校的时候已经快中午了。

访问团参观了教学楼、功能区等教学区域后，突然有位女士问：“学生们今天放假吗？怎么没看到一个学生，也没有听到学生们的声音？”这个时候访问团刚好走到学校食堂门口。校长热情地说：“现在刚好是用餐时间，大家就在我们的食堂吃顿便饭吧，请！”

当他们走进餐厅时，全体都愣住了。他们看到偌大的餐厅内有几百名学生正在吃饭，但却鸦雀无声。用完餐的学生会把餐具送到餐具回收处，然后安静离开，临走前还不忘向校长行礼。整个场面是那么和谐、自然。如果不是亲眼所见，他们真不敢相信，几百人吃饭的餐厅怎么会这么静。刚才提问的那位女士惊讶地轻声说：“哦，这就是我没看到学生也没听到声音的原因啊！”

受此影响，他们也轻拿碗筷杯碟，细嚼慢咽，吃了一顿安静的午饭。在结束参观时校长赠送了大家一份礼物——一

文明用餐

套印有校徽的餐具。他打开餐具盒，对大家说：“中国是礼仪之邦，讲究礼仪文化，用餐文化也是源远流长的。随着时间的推移，越来越多的繁文缛节也一简再简，但实际上中国的餐饮文化是十分讲究的。就拿筷子举例吧，它不只是一种饮食餐具，尤其是在社交场合，人们往往把筷子和使用者本身的素养、心性联系在一起。”

【时代启迪】

在我国传统文化中，一个人在餐桌上的表现，会与其人品、修养等直接联系起来，有着许多讲究。那么我们在餐桌上都有哪些要注意的基本礼仪呢？以下择要罗列几条：

一、食不语，即不要嘴里含着食物说话。这样做，是为了避免嘴里食物喷洒到饭桌上甚至别人身上，不仅不卫生，还会被视为不礼貌，没教养。所以在吃饭时要沟通交流的话，最好先将食物咽下再说。

二、注意“吃相”，比如吃饭时不能狼吞虎咽，不能发出很大的声音。如果有人嚼东西时有意或无意地发出“吧唧吧唧”声，不仅会影响到别人吃饭的胃口，还会被视为没规矩。

三、用筷子有很多注意事项，比如不能有以下行为：拿着筷子旁若无人地在盘子里翻来翻去，挑挑拣拣；拿筷子夹菜后觉得不好吃，赶紧放了回去；用筷子在菜里找自己喜欢吃的，甚至用筷子在盘子里“抄底”；起身去夹其他人面前的饭菜；等等。

02. 吃饭不挑食

【古文摘选】

凡饮食之物，勿争较①多少美恶②。

——（宋）朱熹：《童蒙须知·杂细事宜第五》

注释：①争较：比较，计较。②美恶：这里指好吃与不好吃。

译文：凡是吃喝的东西，不要计较多、少，好吃、难吃。

【经典故事】

季羡林的养生经

著名学者季羡林老先生在98岁高龄去世，称得上是实实在在的高寿了。此前很多人曾经请教季老的养生之道。

在饮食上，季老一贯的做法是不挑食、不忌口、不吃补品。季老曾说过："常见有人年才逾不惑，就开始挑食，蛋黄不吃，

动物内脏不吃，每到吃饭，战战兢兢，如履薄冰，窘态可掬，看了令人失笑。以这种心态而欲求长寿，岂非南辕而北辙！”

季老生活十分俭朴，平时吃的都是普通的家常便饭，在大城市中生活了数十年，他却依旧钟情于家乡的饮食习惯。他的早餐，总是简简单单的几样：几片烤馒头或面包片，一碟花生米和一杯清茶。午、晚两餐也是以素菜为主，较少食肉。一碗绿豆小米粥，就是老人眼中的美味佳肴了。当然，饭桌上也会有惊喜。季老的婶娘将她从北大校园中挖来的荠菜，包成鲜美可口的馄饨，这就是季老赞不绝口的“极品”了。作为山东人，他有时也要提一点小小的要求：一个辣椒，一根葱，以此作为佐餐的调味品。季老的家人还经常将烤好的馒头片放在他书房的一个饼干盒里，以作为季老工作饥饿时的应急之需。

季老这种不挑食、不忌口的饮食习惯，使他平时所吃的食物品种多而杂，从而保证了各种营养的摄取。这也是他能健康长寿的一大要素。

【时代启迪】

在日常生活中，我们需要七大类营养物质，即蛋白质、脂类、碳水化合物、维生素、矿物质、水和纤维素。这些营养物质都是我们健康的必备物质。如果挑食，就会少吃或不吃一些营养物质，从而导致某些营养成分缺乏，进而导致身体不能正常发育，甚至还会生病。这些营养物质包含在米饭、面、肉、蛋、鱼、奶、大豆、蔬菜、水果等食物中，这些食物中的每一种只能提供一部分营养物质，所以我们的饮食应该多种多样，这样才能长高长壮。所以，在用餐时要做到合理搭配。除此之外，在饮食习惯上也要注意，要吃干净卫生的食物，吃饭只吃八分饱，不可挑食厌食，也不可暴饮暴食。

03. 不暴饮暴食

【古文摘选】

饮食必节①。毋求饱，毋贪味②。

——（宋）程端蒙、董铢：《朱子论定程董学则》

注释：①节：节制，管束。②味：味道。这里指好吃的食物。

译文：饮食要有节制。不可求饱，不可多吃美味的食物。

【经典故事】

杜衍粗茶淡饭

北宋名臣杜衍为政清廉，生活也十分简朴。杜衍素来粗茶淡饭，有客来访，也不过是粟米饭一盂，掺杂些饼饵，其他食物不过两种。有人称赞他节俭，他说："我本来就是一个穷困书生，现在的名望、官位、日用都是朝廷给的。我的

俸禄如果宽裕，就分给贫困亲族，常恐白吃朝廷俸禄，岂敢独自专用？哪一天我的名位被朝廷取消，我依然只是个穷书生，还拿什么来自我享受呢？”

杜衍平时从不置办私产，以至于连间像样的房子都没有。他退休后寄居在应天府，一住就是十年。退休后的杜衍十分低调，而且衣着朴素如农民。有人劝他穿居士服，他却说：“老而退休，哪能以高士自居呢！”有一次杜衍穿着日常便装应邀赴宴。席间有位年轻得志的官员，见杜衍衣着普通而且没有起来作揖，他厉声问杜衍：“你之前是个什么官？”杜衍说：“同中书门下平章事（相当于宰相）。”官员一听顿时面红耳赤，无地自容。

【时代启迪】

暴饮暴食是一种不良的生活习惯。当我们在春节等节假日或其他欢宴场合，或是碰到自己喜爱的食物时，总是控制不住而大吃大喝，远远超过了适当的食量，这就是暴饮暴食。长时间的暴饮暴食，会产生很多危害。

暴饮暴食会造成消化不良。摄入的食物量多，身体来不及正常消化，肠胃堆积的食物过多，就容易引起消化不良。长时间暴饮暴食容易造成肥胖。道理很简单，能量获取过多，身体来不及消耗，体内脂肪物质堆积过多，身体自然就肥胖起来，而肥胖容易诱发“三高”等疾病。

因此，我们要保持健康的饮食习惯和饮食规律，饮食有节制，避免暴饮暴食。

04. 要按时吃饭

【古文摘选】

食必以时①。

——（宋）程端蒙、董铢：《朱子论定程董学则》

注释：①时：时令，时段。

译文：吃饭一定要按时。

【经典故事】

孔子按时吃饭

有人问孔子的学生子路："你的老师是个什么样的人呢？"子路回答不了。他觉得无论如何评价和概括，都不能表达老师的伟大。后来，孔子知道了，就说："你为什么不这样说：孔子的为人哪，努力学习而不厌倦，甚至于忘记了

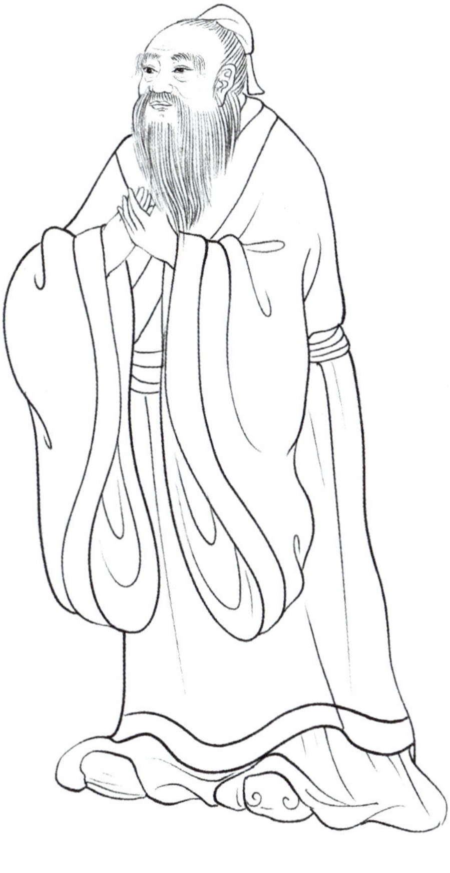

吃饭；津津乐道于授业传道，而从不担忧受贫受苦；自强不息，甚至忘记了自己的年纪。”

虽然孔子自称会因学习而忘记吃饭，其实他有着严谨的生活习惯，在饮食上极其节制和规律。他每天按时吃饭，不到吃饭的时候是坚决不进食的。他还养成了“八不食”的习惯。后人把这些习惯归纳为两个方面：在食物的色味方面，变色、变味者不吃；在食物的制作方面，烹调不当、作料不妥者不吃。

古人因为生活水平没有现在高，所以平均寿命一般比较短，然而孔子却比较长寿，活了73岁。

【时代启迪】

在我国最早的医学典籍《黄帝内经》中，就提出了“食饮有节”的思想，简单讲就是指吃喝要有所节制。虽说吃喝是人类的本能，然而吃什么、怎么吃、吃多少，所有这些都需要后天的学习和培养。

“食饮有节”中的“节”，主要有三个方面的内涵。一是根据节气、季节的变化来饮食，顺应自然的产出，吃应季的食物，最好是本地出产的食物。二是饮食要定时、定量、有规律。饭要一口一口地吃，水要一口一口地喝，切勿“暴饮暴食”和“饥一顿，饱一顿”。三是要控制饮食，吃饭吃到七八分饱就够了，需要给肠胃留空间来消化食物。平时需要适当抑制一下自己吃喝这个本能，做到“粗茶淡饭饱即休”

和“早吃好，午吃饱，晚吃少”。

“食饮有节”虽然只有简单的四个字，内涵却很丰富。弄明白了这四个字，基本上就可以把好“病从口入”这一关了。

第五章

安全防范

01. 危险之处不靠近

【古文摘选】

凡危①险②，不可近。

——（宋）朱熹：《童蒙须知·杂细事宜第五》

注释：①危：不安全（跟“安”相对）的地方。②险：地势险恶、复杂，不易通过的地方。

译文：凡是危险的地方，不可靠近。

【经典故事】

袁盎劝谏汉文帝

汉文帝刘恒某天乘坐马车外出，回来的路上正好有一段下行的陡坡。汉文帝一时兴起，就命令车夫放开缰绳，要享受一下风驰电掣的感觉。

此时大臣袁盎(àng)骑着马在边上随行，看到这一情况后，赶紧策马上前，与汉文帝车驾并行，并伸手一把挽住马缰绳，不让汉文帝的马车加速。

汉文帝很不高兴，探出头来问：“你是不是胆子小啊？”袁盎赶紧拱手回答：“陛下，我听说过这样的谚语，‘家中积累千金的富人，坐卧不靠近堂屋屋檐处’，怕被屋瓦掉下来砸着。圣明的君主不能冒险，不求侥幸。现在陛下要想放纵驾车的六匹骏马，冲下高坡，如果马匹受惊，车辆被撞毁，陛下纵然是看轻自身安危，又怎么对得起高祖的基业和太后的抚育之恩呢？”汉文帝听了，就停止了他的冒险举动。

【时代启迪】

青少年是祖国的未来，民族的希望。青少年的健康和安全时刻牵动着父母、老师和许多人的心。尤其是当今社会前进的步伐不断加快，社会多元化发展，危及人类生存的安全问题也出现多样化、复杂化的发展趋势，如温室效应、环境污染、交通事故、疾病流行等随时都有可能威胁到我们的安全与健康。青少年身心发育尚不成熟，自我保护意识较弱，自我保护能力较差，生命安全易受到各种因素的威胁。因此，我们要加强自我保护意识，提高自我保护能力，提前了解不同的危险情况并知道如何应对。

无论是在家中、学校还是其他场所，我们在活动时都要远离有危险隐患之处，在楼梯、栏杆、阳台这些地方不要拥挤、打闹、捉迷藏或探头捡东西，不从楼梯栏杆上往下滑；要远离贴有警示标志的地方；不要到深水、风浪、急流等地方及没有安全标志的区域游泳；等等。

马路上车多人多，一定要远离安全隐患，注意交通安全，注意保护自己，如在马路上要靠边走，避免妨碍车辆通行，以免被疾行车辆剐蹭乃至撞上；不要边走边玩，也不要边走边看书；不要在马路上打闹、游戏、滑旱冰、突变行走路线；过马路走人行横道，不翻越栏杆、隔离墩，不横穿猛跑过马路，横过马路时看两头；下雨天特别要注意前后的车辆；打雨伞时，雨伞不要挡住视线；等等。

02. 出行注意安全

【古文摘选】

凡夜行，必以①灯烛，无烛则止。

——（宋）朱熹：《童蒙须知·杂细事宜第五》

注释：①以：凭借，依靠。

译文：凡是夜行时，一定要有灯火，没有灯火就不要去。

【经典故事】

盲人提灯夜行

一个漆黑的夜晚，一个书生有急事要去一个住在郊外的朋友家，为赶时间，便抄近路走了一条偏僻的小巷。书生一边摸黑赶路，一边害怕得心怦怦地跳。

走着走着，书生突然发现前面有一处光亮，似乎是有人

提着灯笼在走。书生疾步赶了上去，正想打声招呼，却发现他是一个盲人，一手拿着一根竹竿小心翼翼地探路，一手提着一盏灯笼。书生纳闷了，忍不住问他："您自己看不见，为什么要提着灯笼赶路？"盲人缓缓地说道："我提灯笼并不是为自己照路，而是让别人容易看到我，不会误撞到我，这样就可以保护自己的安全。而且，我的灯笼也能为别人带来光亮，为别人引路。"

书生很受启发，从此夜行时都会提着一盏灯笼。

【时代启迪】

出门在外，自己和家人的平安要作为头等大事来抓，所以要在细节上多留心，注意防患于未然。

第一，要注意饮食安全，防止"病从口入"。要注意饮水卫生，千万不能饮用生水，无合格水可饮时，可用瓜果代水；慎重对待每一餐，饥不择食要不得；学会鉴别餐饮店卫生是否合格；在车船或飞机上要节制饮食；等等。

第二，出门要注意保管好自己的财物，特别是在旅途中。贵重物品不外露，装有钱、证件、手机等贵重物品的包不离身。此外还要提高自己的安全防范意识，要相信"天上不会掉馅饼"，以免上当受骗。

第三，交通安全极为重要，我们要自觉遵守交通法规，做到"红灯停，绿灯行"，不越线等待；过马路不要低头玩手机，注意观察周围路况及车流情况，在确保安全的情况下，快速通过斑马线；禁止在机动车道、非机动车道随意行走，严禁跨越、翻越绿化带、隔离栏；等等。

03. 手拿器具要当心

【古文摘选】

执①器皿②，必端严③，惟恐有失。

——（宋）朱熹：《童蒙须知·杂细事宜第五》

注释：①执：手拿。②器皿：某些盛东西的日常用具的统称，如缸、盆、碗、碟等。③端严：端庄严谨，庄严。

译文：手拿器皿，一定要端正严谨，以免失手。

【经典故事】

失手打碎玛瑙盘

唐朝名臣、名将裴行俭在打败突厥部落军队时，缴获了许多珠宝财物。其中有一个玛瑙盘，宽达二尺多，五光十色，绚烂多彩，又大又漂亮。

在一次庆功宴上，将士们听说了这个罕见的玛瑙盘，纷纷请求他拿出来让大家开开眼。于是，他派军吏王休烈从府库中取出玛瑙盘，在宴席周围走上一圈，让将士们逐一观赏。王休烈小心翼翼地捧着盘子，谁料想上台阶时不小心跌了一跤，将玛瑙盘摔碎了。

这么个稀奇物件被自己不小心给弄坏了，王休烈又自责又害怕，生怕将军责罚他。他浑身哆嗦着，赶紧跪下叩头，额头上连血都磕出来了。幸好裴行俭是爱惜将才之人，不予追究，王休烈才逃过此劫。

【时代启迪】

《弟子规》有言："执虚器，如执盈。"手拿器皿，一定要端正严谨，以免失手。实际上说的是要从学端拿物品开始，培养恭敬、谨慎的人生态度。其中蕴含的道理也不难理解：同样是从书架上拿起一件精美的花瓶仔细观赏，如果态度是"举轻若重"，把花瓶当成里面装满了水那样，那么手拿花瓶就会很小心，动作也会变得稳重；如果态度是"举重若轻"，认为那就是一个空的花瓶，在动作比较快且自己也不是很重视的状态下，花瓶失手掉落的概率就会很大。

"执虚器，如执盈"的"器"也可以是我们日常学习、生活中使用的其他物品。

总之，无论是装满的还是空的器皿，或是物品，我们都要用小心谨慎的态度来端着、搬移、使用，养成认真谨慎的生活习惯。